Couverture inférieure manquante

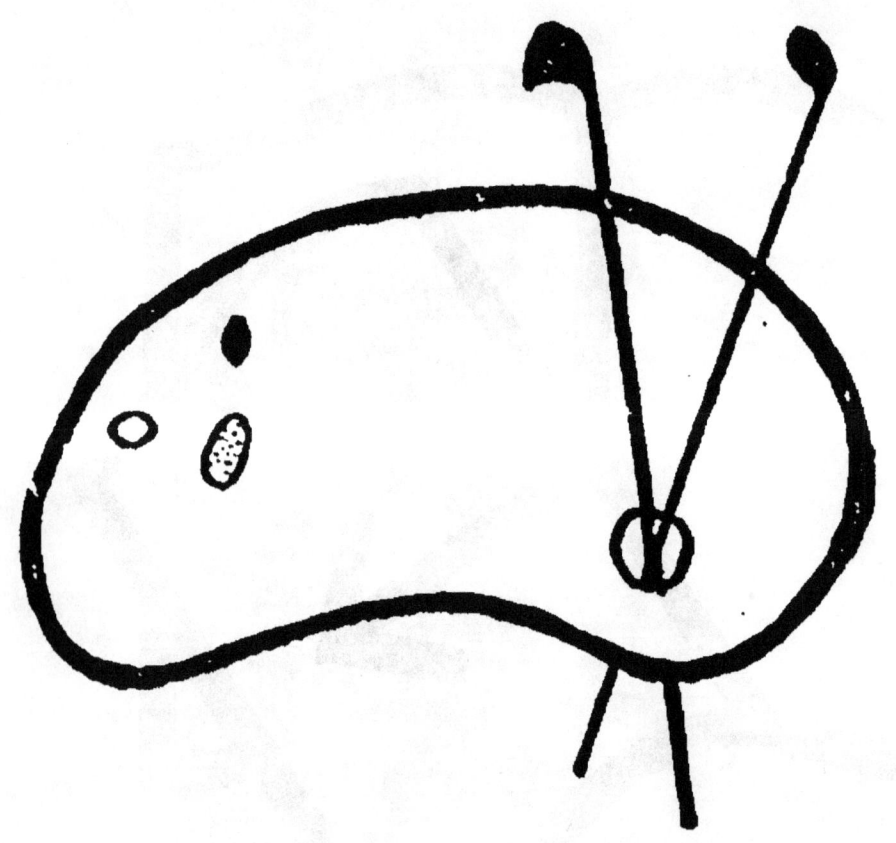

DEBUT D'UNE SERIE DE DOCUMENTS
EN COULEUR

SÉZANNE

D'APRÈS LES

HISTORIENS DU XVIIᵉ & DU XVIIIᵉ SIÈCLE

Prime du COURRIER DE SÉZANNE

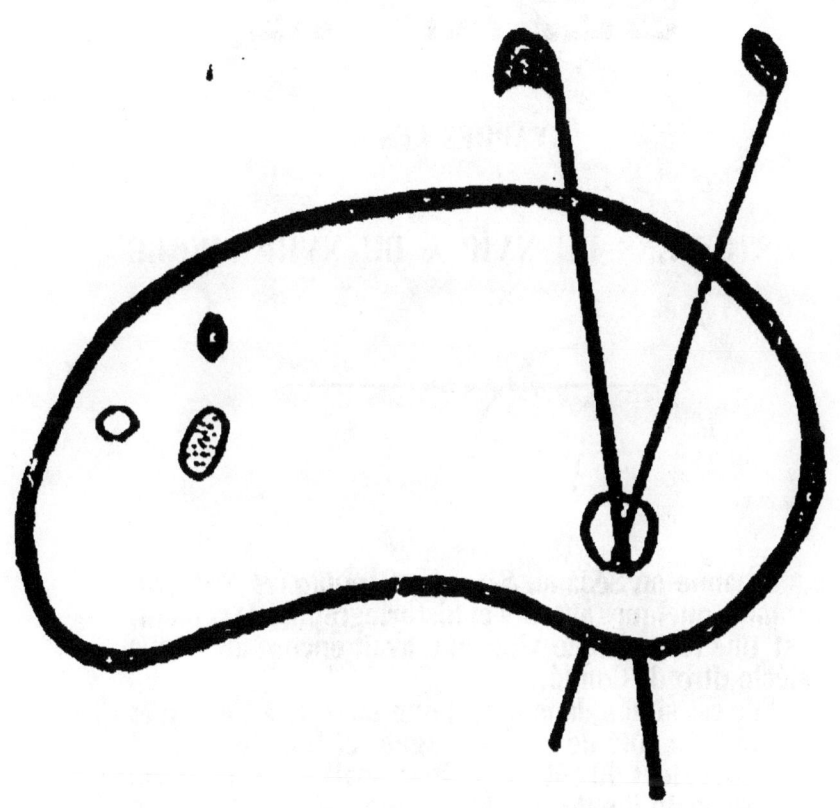

FIN D'UNE SERIE DE DOCUMENTS EN COULEUR

SÉZANNE

D'APRÈS LES

HISTORIENS DU XVIIe & DU XVIIIe SIÈCLE

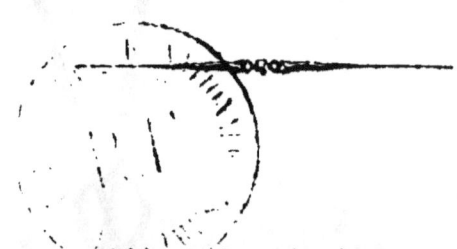

Sézanne ou Sédane, *Sezania, Sezanna vel Sedania*, comme quelques auteurs et historiographes le veulent, est une fort antique ville qui avait encore au XVIIIe siècle titre de Comté.

Elle est située dans une plaine ouverte à l'orient et au midi du côté de la Champagne, et bornée au nord et à l'occident du côté de la Brie, mais elle a toujours fait partie du Comté de Champagne.

Sézanne existait dès le temps de Jules César, lorsqu'il fit la conquête des Gaules et qu'il les divisa en trois provinces. Sézanne faisait alors partie de la province nommée *Comata*, c'est-à-dire chevelue.

Auguste ayant depuis divisé cette province en Gaule-Belgique et Gaule-Celtique, Sézanne fut comprise dans la Celtique, ainsi que Troyes, Provins etc......
La Marne faisait la séparation de la Gaule Celtique d'avec la Belgique. C'est ce qu'attestent d'anciens auteurs.

Du Puy mentionne dans son traité des droits du Roi, que Thibaut III, comte de Champagne, en épousant Blanche, fille du roi de Navarre, lui assigna son douaire sur sept de ses châtellenies, dont Sézanne était une. Le même auteur dit que le comté de Sézanne, avec les seigneuries de Barbonne, Nogent et Pont-sur-Seine, fut assigné pour douaire en 1232 à Marguerite, fille d'Archambault de Bourbon, par Thibaut IV, comté de Champagne, roi de Navarre, son mari. Ces deux circonstances établissent clairement que Sézanne a toujours fait partie du comté de Champagne.

Ce ne fut qu'en 1284, que le comté de Champagne et de Brie passa aux rois de France par le mariage de Jeanne, reine de Navarre, avec Philippe-le-Bel.

Par l'union qui s'en est faite à la couronne de France, sous le règne du roi Jean, le comté de Sézanne, qui relevait anciennement du château du Louvre à Paris, est devenu domaine inséparable de la Couronne.

Cependant cela n'a pas empêché que depuis, il n'ait été donné en apanage à des princes du sang de la branche d'Orléans, dont le nom avait été conservé à la place qui était au bas de l'auditoire royal, qu'on appelait : *La cour d'Orléans.*

Le duc d'Alençon, frère de François II, Charles IX et Henri III, et après lui les ducs d'Angoulême et comtes d'Alais l'ont aussi possédé à ce titre.

Ce n'a été qu'en 1581 que le comté de Sézanne a été vendu par Henri III et engagé pour la première fois avec la faculté de rachat perpétuel au duc d'Anjou. Cet engagement passa au duc d'Angoulême qui l'appela son petit royaume, son *Ithaque*; il y venait souvent et c'est dans un de ces séjours qu'il connut mademoiselle de Nargonne qu'il épousa à 77 ans. Puis, il passa en 1658 au maréchal Fabert, de lui à la marquise de Beuveron, sa fille, qui l'a vendu, en 1700, à Henri de Guénégaud, marquis de Plancy, auquel a succédé en 1720 le duc de Caderousse, qui l'a transmis au duc d'Ancezune son fils et son héritier, possesseur en 1760 du comté.

Avant que Thibaut IV, comte de Champagne, eût fait en 1229 démanteler, démolir et raser la majeure partie de Sézanne pour empêcher que les ducs de

Bourgogne, de Bretagne, les comtes de Bar, de la Marche ne vinssent à s'en emparer et s'y fortifier, cette ville était grande et fort étendue; on ne conserva que le château et quelques parties voisines. Cette destruction ne se fit que par précaution et pour parer aux suites qu'aurait pu avoir la prise de Troyes, dont les ligueurs avaient formé le siége, mais le roi, venant au secours de Thibaut, les obligea de se retirer.

Sézanne a toujours été fidèle à ses souverains. On peut voir dans les chroniques et annales de France de Nicole Gilles, que la ville de Sézanne, en 1423, sous le règne de Charles VIII, fut assiégée et prise d'assaut par les Anglais qui avaient à leur tête le comte de Salisbury. Le siége dura depuis Pâques jusqu'à la saint Jean. Guillaume Marin, fameux capitaine, qui défendait la ville fut tué à l'assaut, et Roger de Criquetot, chevalier de Normandie, fut fait prisonnier.

Après s'être rendus maîtres de Sézanne, les Anglais s'emparèrent de Montaiguillon, d'Épernay et de Vertus.

En 1566, sous le règne de Charles IX, cette ville fut assiégée par les Huguenots. Le prince de Condé et l'amiral de Coligny s'en rendirent maîtres, brûlèrent les églises, couvents, abandonnèrent la ville au pillage, et mirent le feu partout. Tout ce qu'il y avait d'antiquités dans la ville fut consumé et entièrement détruit. La table chronologique des pères Cordeliers de la ville consigne ces faits.

Au temps de la ligue, Henri IV passa à Sézanne, et s'y livra au plaisir de la chasse, dans la plaine et dans les forêts. Le duc de Nevers était à cette époque gouverneur de Champagne.

Sézanne donna en 1615 une grande marque de fidélité au roi Louis XIII, en recevant dans ses murs le maréchal de Boisdauphin qui commandait l'armée royale contre les princes qui étaient à sa poursuite.

De Pontis, dans ses mémoires, nous rapporte une autre preuve de fidélité de cette cité pour son souverain. « Sézanne, dit-il, tenait pour le roi Louis XIII
» contre le parti du prince de Condé et autres

» seigneurs de la Cour, mécontents de la régence
» de la reine Marie de Médicis, lorsque je fus
» obligé de m'y retirer en 1616, après avoir fait tête
» avec deux cents hommes de pied, à six cents
» chevaux commandés par le cardinal de Guise et
» les avoir repoussés deux fois. »

L'année 1632 fut des plus fatales à cette ville. Le 20 mai, jour de l'Ascension, elle fut incendiée et presque totalement réduite en cendres avec trois de ses faubourgs. Le procès-verbal d'incendie, dressé le 28 de ce mois au greffe du bureau des finances de Châlons, par le sieur de Névelet d'Oches, trésorier de France de la généralité de Châlons, fait monter la ruine des maisons détruites à plus de douze cents, outre les églises et édifices publics; et la perte, y compris les grains, vins, meubles, chevaux, bestiaux, marchandises et autres choses, à plus de quatre millions de livres. Il ajoute, que pour rétablir les choses dans l'état où elles étaient auparavant, il en coûterait sept à huit millions.

Le cardinal de Richelieu, pour venir au secours de Sézanne, accorda une coupe de bois de construction dans les forêts royales. Il imposa un jour de corvée par semaine à tous les habitants du ressort du bailliage de cette ville.

Nous voyons en effet, que par arrêt du conseil d'État du roi Louis XIII, du 20 janvier 1633, tous les habitants des trois châtellenies de Sézanne, Tréfols et Chantemerle composant le bailliage de Sézanne, à la distance de quatre lieues de cette ville, ont été obligés, sous peine d'amende à l'égard de ceux qui avaient charrettes et harnais, de faire un jour de chaque semaine, gratuitement et par corvée, les charrois des bois accordés par le roi pour le rétablissement de la ville; et à l'égard des manœuvres, de venir aux corvées aider à décombrer et à charger les décombres.

L'enceinte de Sézanne, du xvIII[e] siècle, ne contenait pas plus de vingt arpents, fermés de portes et épaisses murailles bien élevées avec de bons parapets, entourés de larges et profonds fossés et de beaux remparts plantés d'arbres pour la majeure partie. On y entrait par cinq portes, outre une fausse porte ou poterne qui communiquait à un endroit appelé le *Champ-Benoit*, où était située l'église royale et collégiale de Saint-Nicolas. Sézanne avait quatre faubourgs assez considérables et fort étendus. La ville et les faubourgs ensemble pouvaient bien contenir 1.200 feux et environ quatre à cinq mille âmes.

Autrefois il y avait à Sézanne des fabriques d'étoffes de laine en gros draps, serges drapées et autres serges; mais vers 1600, elles ont été détruites. Après cette époque, le seul commerce qui y ait subsisté se bornait à celui du grain, du bois et du vin. Le vignoble y était déjà considérable; il consistait en plus de mille arpents de vignes en bonne valeur, sans y comprendre les friches.

Sézanne, dit monsieur Piganiol de la Force (dans sa *nouvelle description de la France*, éditée en 1753), est arrosée par une petite rivière qui prend sa source à un quart de lieue au-dessus, et de laquelle les habitants ont trouvé le moyen d'en faire entrer une partie dans la ville au travers du fossé, par des manières d'auges faites de bois de chêne, soutenues par d'autres pièces de bois. Ces eaux font tourner plusieurs moulins dans la ville, et en sortent par un canal pareil à celui par lequel elles y sont entrées. Cette petite rivière n'a point d'autre nom que celui qu'elle prend de ces espèces d'auges; elle reçoit la rivière de Pleurs au-dessous du village de ce nom et va se jeter dans l'Aube près du bourg d'Anglure, éloigné de Sézanne d'environ quatre lieues au midi.

Sézanne a beaucoup souffert en 1652, lors du passage des troupes des ducs de Lorraine et de Wurtemberg, en allant et revenant du siège d'Étampes. La ville fût mise à contribution et le grenier à sel pillé.

Au XVIIIe siècle, Sézanne, qui était du diocèse de Troyes, possédait deux paroisses, ayant chacune une succursale, une collégiale royale, un couvent de Bénédictins de Cluny, un de Cordeliers, un de Récollets, une abbaye de religieuses Bénédictines, un Hôtel-Dieu et un collége.

La principale paroisse était celle de Saint-Denis, située au milieu de la ville ; elle était remarquable par la beauté de l'église, tant au dehors qu'au dedans. Henri IV, lors de son passage à Sézanne, admira surtout l'élévation et la délicatesse de la voûte et la belle construction de la tour regardée par tous les connaisseurs comme un très-beau morceau d'architecture. Cette paroisse avait pour succursale la petite église de Saint-Hubert, qui était au bout de l'une des rues du faubourg Goyer, à l'Occident. Le revenu de la cure était de 15 à 1.600 livres.

L'église paroissiale de Notre-Dame, située au bout du faubourg du même nom, avait pour succursale l'église de Saint-Pierre, qui s'élevait sur une éminence hors de la ville, du côté de l'Orient, près des Récollets. Le clocher de cette vaste église, était couronné d'une flèche qui attirait autrefois les regards par sa figure torse. Elle a été emportée et détruite par la violence des vents en 1719. Le clocher lui-même, renfermait de grosses cloches, très-belles et fort harmonieuses. Cette église paroissiale avait été auparavant une abbaye des Bénédictins, dont les biens ont été réunis au prieuré de Saint-Julien. La cure de Notre-Dame valait de huit à neuf cent livres.

Selon Desguerrois, historien du diocèse de Troyes, la collégiale royale, dite de Saint-Nicolas, est de la fondation d'Henri, premier du nom, comte de Champagne, surnommé *le large*, en 1164. Au commencement, son chapitre était de cinquante chanoines ; en 1176, ils ont été réduits à trente-quatre, depuis encore à vingt-quatre, puis à douze. Il y avait six dignitaires, un doyen, un prévôt, un sous-doyen, un chantre, un trésorier et un cellérier, qui avaient double prébende. Les six autres étaient simples prébendiers. Le Roi nommait à tous ces canonicats sur la présentation de l'engagiste, et les chanoines avaient le droit de nommer aux différentes chapelles de leur église, quand elles venaient à vaquer dans les semaines où ils étaient de service. L'église quoique ancienne, dit un écrivain du siècle dernier, peut passer pour belle ; elle est ornée de deux tours, dont une n'a pas été totalement achevée : l'autre supporte le clocher. Cette église, ajoute-t-il, est située au dehors de la ville du côté du midi, sur une grande place ornée d'arbres, nommée *Champ-Benoist*, où il y a de fort belles maisons, la plupart habitées par des chanoines.

En vertu d'un arrêt du parlement de Paris, du 23 mars 1565, il a été bâti dans le même endroit un collége, sur le même terrain qu'occupaient les Cordeliers lors de leur premier établissement. Ce collége était gouverné par un principal ou régent stipendié par la ville, l'Hôtel-Dieu et le chapitre. Plusieurs de ses régents se sont distingués par leur habileté, leur science et leur grande réputation. L'un deux a été recteur de l'université de Paris. Un autre, qui se nommait Charles Oudart, a donné entre autres ouvrages : *Supplementum supplementi, seu de Quadraturâ circuli; pars prior*. Paris. Cramoisy 1666. Ce livre a été fort estimé des savants du dix-septième siècle, qui regardaient son auteur comme le phénix des mathématiciens, et lui donnaient la préférence sur tous ceux qui avaient traité cette matière, sans même, paraît-il, en excepter le fameux Archimède. Il est aussi sorti de ce collége de très-bons sujets, qui ont également fait honneur à l'Eglise, à l'Epée et à la Robe.

En 1700, on voyait encore au même lieu du Champ-Benoist, un château anciennement habité par les comtes d'Alais et les ducs d'Angoulême. Le chapitre de Saint-Nicolas, auquel il a été abandonné à titre de libéralité, l'ayant fait démolir en 1703 et en ayant vendu les matériaux, la majeure partie a été employée à la construction du château de Saron, à quatre lieues de Sézanne.

Le prieuré de Saint-Julien de Sézanne était de l'ordre de Saint-Benoit. Son église servait de paroisse au commencement du seizième siècle. C'est à cette époque que les religieux donnèrent une place au bas de l'église, sur laquelle les paroissiens firent bâtir la paroisse Saint-Denis, dont ils étaient les curés primitifs, ainsi que de Notre-Dame. Autrefois, Notre-Dame était une abbaye de l'ordre de Saint-Benoit, où il restait encore près de l'église, au commencement du dix-huitième siècle, les vestiges du cloître des religieux. Les bâtiments de l'abbaye de Notre-Dame ayant été ruinés, le prieuré de Saint-Julien qui en dépendait, et qui était alors dans l'enceinte du château, en a conservé les revenus.

Le prieuré de Saint-Julien dépendait de celui de la Charité-sur-Loire. Il a été fondé en 1081 par un jeune seigneur de la baronnie de Broyes pour une partie. Barthélemy, père de ce jeune seigneur, s'était emparé de cette église et de tous ses revenus; il mourut de mort subite. On fit entendre à ce jeune seigneur nommé Bacdolphe, que la mort de son père, arrivée par un accident extraordinaire, était une punition visible de Dieu; ce qui le porta à rendre cette église avec ses revenus aux religieux de la Charité, en s'approchant de l'autel, sur lequel il mit un couteau noir, qui était alors la cérémonie. Il exécuta cette restitution en présence de la comtesse, épouse du comte Etienne, qui gouvernait le comté de Champagne sous son père Thibault, qui avait la garde-noble de ce jeune seigneur et qui lui avait conseillé de faire cette restitution. Depuis ce temps, les seigneurs de Broyes ont fait des donations considérables à ce prieuré.

Pour l'autre partie, le prieuré de Saint-Julien, fut fondé en 1114 par la Comtesse Alix, veuve d'Etienne Henri, comte de Champagne. Ce fut-elle qui, en 1114 invita Philippe, cinquante-quatrième évêque de Troyes, à faire la dédicace de Saint-Denis.

Le couvent des Cordeliers de Sézanne a été fondé en 1224, du vivant de Saint-François, deux ans avant sa mort par Thibault IV, comte de Champagne et de Brie, depuis roi de Navarre. Placé en premier lieu en une maison du Champ-Benoit que le collége occupa ensuite, il fut plus tard transféré hors la ville, au nord-ouest, entre les faubourgs de Broyes et de Goyer et construit sur un terrain donné par Thibault IV comte de Champagne et roi de Navarre.

Cette translation eut lieu l'an 1263, en vertu d'une

bulle du pape Urbain IV déposée aux archives du couvent.

On voyait, dit Desguerrois, dans l'église des Cordeliers qui était fort belle, au-dessus du maitre autel fait à la romaine, une châsse de sainte Sire, Vierge née en Écosse, de la tige royale, sœur de Saint-Fiacre, décédée dans un village portant son nom à quatre lieues de Troyes en 640. Cette châsse était suspendue et on la descendait tous les ans pour l'exposer dans le chœur à la dévotion des fidèles, pendant une neuvaine qui commençait le premier jour de mai par une procession solennelle. Les religieux du couvent portaient la relique en l'église paroissiale de Saint-Denis.

C'est dans le chœur de l'église de ce couvent qu'avait été déposé le corps d'Étienne de Formont, religieux de Provins, docteur en théologie, gardien de Paris et custode de la Province de Champagne, décédé à Sézanne le 12 janvier 1515 en odeur de sainteté, âgé de 37 ans. Le martyrologe franciscain du P. Artus Dumontier, récollet, imprimé à Paris chez Edme Couterot, en 1653, donne aussi à Étienne de Formont le nom de Julien. Depuis sa mort, plusieurs miracles ont été faits sur sa tombe, attestés par une infinité de personnes dignes de foi et par quantité de procès-verbaux qui furent déposés aux archives du couvent. Le cloître de cette maison était des plus beaux et des plus vastes. Il formait deux carrés, dont les deux grandes galeries, terminées chacune par une grille de fer, avaient vue sur un vaste jardin et formaient une perspective fort agréable. Ce couvent contenait toujours dix ou douze religieux, tant prêtres que frères, outre le noviciat qui y fut établi en 1763.

Le couvent des Récollets devait son établissement aux habitants de Sézanne, qui les ont reçus au nombre de dix religieux le 24 mars 1619. Leur église avait été construite sur le modèle de celle qu'ils possédaient à Paris. On y admirait de très-beaux tableaux originaux du frère Luc, diacre récollet, excellent peintre, émule du fameux Le Brun, et son compagnon à l'académie de peinture à Rome. C'étaient entre autres une descente du Saint-Esprit et une descente de croix.

La maison des Récollets était fort belle ; les jardins, pour la majeure partie en forme de terrasse et d'amphithéâtre, et ornés de grandes allées d'arbres, servaient de promenades.

Cette maison a donné plusieurs religieux sézannais qui ont fait honneur à leur ordre. Tels sont : Germain Allard, nommé évêque de Vence en 1679, après avoir été quatre fois provincial et commissaire général de toutes les provinces des Récollets. Olivier Voisemberg, aussi deux fois provincial et commissaire général. Ce fut entre les mains de ce dernier que les Récollets de Paris rendirent, le 28 décembre 1663, leurs vœux en présence de la reine-mère, du roi, de la reine et de toute la cour. Cassien Huguier, aussi deux fois provincial et auteur d'un abrégé de l'histoire ecclésiastique. Citons aussi Antoine Boullet, Candide Champy et Protais Henriet, fameux prédicateurs. Ce dernier est auteur d'un livre intitulé : *Harmonia Evangelica*, imprimé à Paris en 1660. Plus de douze à quinze autres religieux de Sézanne ont passé par les charges de définiteurs et de gardiens et, comme il est écrit, les ont remplies avec beaucoup de distinction et d'applaudissements.

L'abbaye des religieuses Bénédictines de Notre-Dame fut fondée en 1104 dans le lieu du Bricol ou de Briconne, à l'entrée de la forêt de la Traconne, à une lieue et demie de Sézanne ; ce qui lui fit donner le nom de *Bricol-aux-Nonains*. Une princesse de France résolut de fonder un monastère dans ce lieu, qui était alors la retraite des voleurs et des femmes débauchées. Si l'on consulte l'abrégé de l'histoire de France de Mézeray, édition de Paris 1698, cette princesse ne peut être que Constance, fille de Philippe Ier roi de France, et de la reine Berthe sa première femme ; laquelle Constance épousa en 1106, Boëmond, duc de Pouille et prince d'Antioche. On voyait encore au XVIIe siècle, une tombe à demi rompue, qui marquait la fondation de cette abbaye.

Ce monastère avait autrefois droit de haute,

moyenne et basse justice ; il jouissait aussi d'un four banal dans Sézanne et de beaucoup d'autres droits, comme celui de couper du bois pour son usage dans la forêt de la Traconne appartenant au roi. Tous ces droits furent perdus à cause des troubles et guerres civiles pendant lesquels les titres ont été enlevés et brûlés.

Après plusieurs incursions que souffrit cette abbaye de la part des hérétiques, des voleurs et gens de mauvaise vie, Paule de Guédon de Sanonnet qui était abbesse en 1629, pour se mettre à l'abri de pareilles insultes et pour sa sûreté et celle de ses religieuses, sollicita auprès de Louis XIII des lettres-patentes à l'effet de transférer l'abbaye à Sézanne au dehors de la ville, près la porte de la Juiverie. Ces lettres lui ayant été accordées, la translation de l'abbaye se fit de l'avis de René de Breslay, quatre-vingt-quatrième évêque de Troyes et du consentement des habitants de Sézanne, le 1er juillet de la même année 1629. On commença le même jour le service divin dans le nouveau monastère auquel on donna le nom de *l'abbaye royale de Notre-Dame-des-Bois de Sézanne*, qu'il a toujours conservé dans la suite.

Depuis cette translation, il y a eu trois abbesses de la maison de Raguier de Poussé, une de celle d'Etampes, une de la maison de Melun d'Espinoy, une de celle d'Auxy. En 1757 le roi nomma la dame de Férières, abbesse. Le revenu de cette abbaye était assez considérable avant le système de 1720. Elle possédait deux châsses ; l'une des reliques de sainte Sotère, vierge romaine qui souffrit le martyre en 304, sous les empereurs Dioclétien et Maximien. On en solennisait la fête le premier jour de mai. L'autre châsse renfermait les ossements de saint Prémien. On la découvrait la veille du troisième dimanche d'après Pâques, pendant neuf jours ; à cette occasion tous les habitants de la ville et ceux des lieux voisins y venaient en pélerinage avec grande dévotion.

L'Hôtel-Dieu, de la fondation des habitants de Sézanne, était desservi par des filles de la Charité, dites *sœurs grises*; elles y avaient été établies par acte du 10 décembre 1681. Son revenu était d'environ cinq mille livres, après la réunion des biens de la Maladrerie tombée en ruine et totalement détruite. Un arrêt du conseil privé du 14 janvier 1695, et des lettres-patentes du mois d'août 1696 ont fait la réunion dont il s'agit. On entretenait à l'Hôtel-Dieu une vingtaine de lits pour les malades de l'un et l'autre sexe; le tout y était administré par un bureau de direction, tel que le prescrivait la déclaration du roi du 12 décembre 1698.

Sézanne possédait aussi une Confrérie des Dames de la Charité établie vers le XVIe siècle pour l'assistance et le soulagement des habitants malades, qui ne pouvaient pas se faire traiter, ni se procurer les secours nécessaires au rétablissement de leur santé. Cette pieuse et charitable société, sans aucuns fonds ni revenus, se soutenait avec beaucoup de ferveur de la part des dames qui visitaient les malades, et leur donnaient tout ce qui leur manquait.

Après l'édit du mois de novembre 1738 supprimant la prévôté royale de Sézanne pour la réunir au bailliage, il n'y eut plus dans cette ville que six juridictions : le bailliage, la police, la maîtrise des eaux et forêts, l'élection, le grenier à sel et la maréchaussée.

Le bailliage était très-considérable; il se composait des châtellenies de Sézanne, Chantemerle et Tréfols. Son ressort s'étendait sur plus de cent quatre-vingts paroisses, tant villes et bourgs que villages, dans la longueur de 12 à 15 lieues, sur 9 à 10 de largeur. Régi par la Coutume de Meaux, il avait pour chef un bailli d'épée qui était ordinairement capitaine et gouverneur de la ville. Au milieu du XVIIIe siècle le marquis de Pleurre succéda à ses père et aïeul dans ces dignités, possédées pendant longtemps par les barons de Réveillon, de la maison d'Ancienville.

Les autres officiers étaient : un président, un lieutenant général, commissaire, enquêteur, examinateur, un lieutenant criminel, un lieutenant particulier, assesseur civil et criminel, quatre conseillers, un avocat, un procureur du roi, un substitut et un greffier. Parmi ceux qui ont exercé ces charges, il s'en est trouvé qui se sont distingués et ont fait honneur au barreau; notamment Jacques Champy, né à Sézanne, procureur du roi du bailliage, le premier qui ait travaillé à d'excellentes notes sur la Coutume de Meaux (imprimées à Paris en 1668 chez Pingué); et Jean Robe, natif de Coulommiers, ancien lieutenant général du même siège, qui a donné un savant et très-beau commentaire sur la Coutume de Meaux, généralement estimé des plus habiles jurisconsultes.

Ce bailliage jouissait de l'un des plus beaux droits qui pouvaient être accordés à une juridiction; c'était celui de connaître, par prévention en première instance, des causes des justiciables des seigneurs quand les parties n'avaient pas leur domicile dans le même lieu. Ce droit était fondé sur le premier article de la locale de Sézanne.

Cette locale est à la suite de la Coutume de Meaux, commentée par Robe qui parle du droit de jurée au même endroit. Elle réputait bourgeois du roi toutes les personnes roturières dans l'étendue des trois châtellenies du bailliage, soit qu'elles demeurassent dans la haute justice du Roi, ou dans celle d'un haut justicier. Aussi voit-on que pour raison de ce droit, il se levait annuellement sur tous les bourgeois du roi, hors ceux de la ville de Sézanne, par chaque ménage, 2 sols 6 deniers à titre de jurée.

Dans la juridiction de la police, il n'y avait que trois officiers, un lieutenant général, aussi conseiller d'honneur au bailliage, et ayant droit d'y siéger immédiatement après le lieutenant général; un procureur du roi, dont l'office fut réuni à celui du bailliage et un greffier.

La maîtrise particulière des eaux et forêts était des plus anciennes et fort étendue; non seulement elle comprenait toutes les localités dépendantes du bailliage, mais encore quelques autres bailliages voisins. Les officiers étaient: un maître particulier, un lieutenant, un procureur du roi, un garde-marteau, un greffier et un receveur des amendes; en outre, un garde général, collecteur des amendes et six gardes, dont quatre pour la forêt de la Traconne et les deux autres de la forêt du Gault. Cette maîtrise faisait partie du département de la grande maîtrise de Paris et Ile de France.

Il y avait dans l'élection dix officiers: un président, un lieutenant, quatre élus, un procureur du roi, deux receveurs des tailles et un greffier. Son ressort ne s'étendait que sur soixante-quinze paroisses, dans lesquelles on avait depuis 1740 établi la taille tarifée, ainsi que dans la ville de Sézanne, où elle a fait un préjudice considérable, tant au commerce qu'à plusieurs autres objets également intéressants.

Pour ce qui est du grenier à sel, son ressort s'étendait plus que celui de l'élection; ses officiers étaient au nombre de six: un président, un juge, un grenetier contrôleur, un procureur du roi, un receveur et un greffier.

Quant à la maréchaussée, elle ne consistait qu'en un exempt et quatre cavaliers résidents, à Sézanne, qui faisaient partie de la maréchaussée de Champagne établie à Châlons, mais dont les officiers étaient obligés de se transporter à Sézanne, pour, en conformité des ordonnances et règlements, juger conjointement avec les officiers du bailliage, tous les criminels de leur compétence, pris et arrêtés dans l'étendue du ressort dudit bailliage.

Outre ces juridictions, la ville de Sézanne possédait un gouverneur pour le roi, qui, comme on l'a déjà observé, était aussi bailli d'épée, et un corps-de-ville composé d'un maire, quatre échevins, un receveur des octrois et deniers patrimoniaux, et un syndic. L'élection de tous ces officiers eut lieu par la voie du scrutin, le dimanche 31 mars 1765, en exécution de l'édit du mois d'août 1764.

Il y avait aussi à Sézanne une compagnie d'arquebusiers, établie depuis longtemps avec de beaux droits et priviléges accordés par plusieurs de nos rois. Elle précédait, en toutes assemblées et cérémonies publiques la milice bourgeoise de la ville, et elle a été maintenue dans ce privilége par une ordonnance de Louis XIV du 26 janvier 1715, confirmative de celle du prince de Rohan, alors gouverneur général des provinces de Champagne et de Brie, du 5 décembre 1714.

Voici un autre privilége de cette compagnie : celui qui abattait l'oiseau que l'on tirait tous les ans, le jour de Saint Jean-Baptiste, était nommé roi de l'arquebuse et avait le droit, pendant l'année de sa royauté, de vendre et consommer tout le vin de son cru, sans en payer aucun droit. Autrefois la cote de sa taille était réduite à cinq sols. Ce privilége, nonobstant l'ancien usage fondé sur le consentement général des habitants, n'eut plus lieu dans la suite, faute de nouvelles lettres de confirmation.

La géologie est une des sciences qui fait la gloire de notre siècle ; au dix-huitième siècle elle n'existait pas. La flore fossile des travertins anciens de Sézanne qui est actuellement l'objet de l'étude de nos plus savants géologues, était pour ainsi dire inconnue. Cependant, nous voyons qu'au milieu du siècle dernier on avait découvert sur le haut d'une montagne située à l'orient, à 15 ou 1600 pas de la ville, des pierres et fossiles curieux ornés des empreintes de feuilles d'arbres ou autres figures. Quelques-unes de ces pierres avaient été présentées à la société de Châlons par M. Fradet, alors secrétaire de l'Intendance et de l'Académie, auquel M. Montier, subdélégué de Sézanne, les avait envoyées ; elles avaient donné lieu à plusieurs dissertations, dont le résultat n'a pas été rendu public.

JOSEPH DE BAYE.

SÉZANNE. — TYPOGRAPHIE DE A. PATOUX.

www.ingramcontent.com/pod-product-compliance
Lightning Source LLC
Chambersburg PA
CBHW060452050426
42451CB00014B/3291